DR. GOLDMANN

DER KRYPTOWÄHRUNGS-REPORT

So schützen Sie Ihre Kryptowährung vor dem Crash

Ebozon Verlag

Buch

Sie interessieren sich allgemein für lukrative Kryptowährungen und speziell für risikobewusstes Investieren und Handeln? Darin unterstützt Sie das neue Buch von Dr. Goldmann - mit vielen sofort umsetzbaren Praxistipps und umfangreichem Hintergrundwissen!

Der vielseitige Report vermittelt robustes Basiswissen zu gewinnträchtigen Krypto-Währungen. Darauf aufbauend beschreibt der Autor konkrete Anwendungen dieser digitalen Zahlungsmittel. Dem Leser werden mit diesem Report Profit-Möglichkeiten aufgezeigt, Analysen und Empfehlungen vorgelegt und auf Risiken hingewiesen die bei der Anlage in Krypto-Währungen bestehen. Gleichzeitig wird Ihnen praxisnah geschildert wie sie sich gegen einen möglichen Crash bei den Krypto-Währungen schützen oder Ihre Coins einfach und effektiv im Wallet absichern können.

Der Report ist für Anfänger und erfahrene Krypto-Währungs-Anleger gleichermaßen nützlich.

Fazit: Insgesamt nehmen Krypto-Interessierte umsetzbare Vorgehensweisen und klare Warnungen mit - so lässt sich deutlich leichter der persönliche Weg zum routinierten Handeln mit Kryptowährungen beschreiten und eine profitorientierte Anlage verwirklichen mit gleichzeitigem Schutz Ihrer Coins.

Dr. Goldmann

DER KRYPTO-WÄHRUNGS-REPORT

SO SCHÜTZEN SIE IHRE KRYPTOWÄHRUNG VOR DEM CRASH

Ebozon Verlag

Dieses Buch ist auch als eBook erhältlich.

Bibliografische Information der Deutschen Nationalbibliothek: Die Deutsche Nationalbibliothek verzeichnet diese Publikation in der Deutschen Nationalbibliografie; detaillierte bibliografische Daten sind im Internet über http://dnb.dnb.de abrufbar.

Printausgabe 1. Auflage Februar 2018

ein Unternehmen der CONDURIS UG (haftungsbeschränkt)
www.ebozon-verlag.com

Umschlaggestaltung: media designer 24
Umschlaggrafik: www.depositphotos.com Nr. 38208893
Layout / Satz: Ebozon Verlag
Druck: KN Digital Printforce GmbH
Ferdinand-Jühlke-Straße 7, 99095 Erfurt

ISBN: 978-3-95963-496-0

Inhaltsverzeichnis

Vorwort

Mit diesem Report möchte ich Ihnen das Basiswissen über Kryptowährungen vermitteln, aber auch aufzeigen, was Sie mit der Kryptowährung machen können, wie Sie damit Geld verdienen können und analysieren, ob dies überhaupt noch möglich ist. Ebenso möchte ich Ihnen die Fakten zu verschiedenen Kryptowährungen aufzeigen und die Mythen über diese durchleuchten. Abschließend werde ich Ihnen die Risiken erklären denen Sie als Besitzer der Kryptowährung ausgesetzt sind und entsprechende Lösungsvorschläge aufzeigen, wie Sie sich und Ihre Kryptowährung schützen können. Ich wünsche Ihnen nun viel Spaß bei der Lektüre und viel Erfolg bei Ihren Geschäften mit der Krypto-Währung!

Was ist Bitcoin?

Es gibt mittlerweile seit der ersten Einführung der Bitcoin Krypto-Währung unendlich viele neue Kryptowährungen auf die ich später im Laufe des Reports zurückkommen werde. Beginnen möchte ich jedoch mit der Erklärung für die erste weltweit entwickelte Krypto-Währung, dem Bitcoin.

Der Begriff Bitcoin ist aus den Wörtern »Bit« (von englisch binary digit also 0 oder 1) und »coin« (englisch für Münze) zusammengesetzt. Das Konzept der digitalen Währung wurde vom Autor Satoshi Nakamoto in einem »White Paper« beschrieben. Nakamoto ist wahrscheinlich keine reale Person, vielmehr ist der Name entweder ein Pseudonym oder steht für eine Gruppe von Personen. Mit der sogenannten Kryptowährung soll ein Geldsystem ermöglicht werden, das unabhängig von Staaten und Banken funktioniert und günstiger und schneller ist als bisherige Transaktionen. Die Digitalwährung wird »peer to peer« gehandelt, also direkt zwischen den Nutzern, ohne die Hilfe von Banken. Möglich macht dies die Nutzung der Blockchain-Technologie: Innerhalb des Systems werden alle Transaktionen vielfach und dezentral gespeichert.

Seit wann gibt es Bitcoin?

Im Jahr 2007 beginnt jemand unter dem Pseudonym Satoshi Nakamoto an der digitalen Währung zu arbeiten. Kurz nachdem die Insolvenz der US-Investmentbank Lehman Brothers 2008 die globale Finanzkrise ausgelöst hat, erscheint ein neunseitiges Skript (»White Paper«) im Internet, das die Grundlagen einer neuen, virtuellen Währung beschreibt: »Bitcoin: A Peer-to-Peer Electronic Cash System«. Das Gründungsdokument beschreibt die technischen und ökonomischen Grundlagen der Währung im Detail. Im Februar 2010 eröffnet die erste Online-Bitcoin-Börse. Die erste reale Bitcoin-Zahlung findet im Mai 2010 statt: Ein Programmierer in Florida bezahlt 10 000 Bitcoins für zwei Pizzas (die im Dezember 2017 damit über 170 Millionen Dollar wert waren). Ende 2010 gelingt die erste Bitcoin-Transaktion zwischen zwei Smartphones. Anfang Februar 2011 ist 1 Bitcoin erstmals gleich viel wert wie 1 Dollar. Erste Bitcoin-Börsen außerhalb der USA entstehen. Im September 2012 wird die Bitcoin Foundation gegründet. Diese will das Kernteam der Software-Entwickler finanziell unterstützen und das Bitcoin-Netzwerk kontinuierlich verbessern.

Warum plötzlich dieses riesige Interesse an Bitcoin?

Lange waren Kryptowährungen und mit ihnen Bitcoins ein Thema für Computerexperten, Mathematiker und Geldpolitik-Revolutionäre. Libertäre Freigeister und Gegner der von Notenbanken bestimmten Geldpolitik sahen in den neuen Währungen eine Möglichkeit, nicht mehr von der mittlerweile ultraexpansiven Geldpolitik der Zentralbanken oder der Budgetpolitik überschuldeter Staaten abhängig zu sein. Auch mehr oder weniger halbseidene Organisationen erkannten das Potenzial der neuen Technologie, um im Internet anonym Gelder zu verschieben.

Doch dann entdeckten die Spekulanten das Kurspotenzial von Bitcoin – dieser Trend hat sich im Jahr 2017 akzentuiert. Zu Jahresbeginn notierte die digitale Währung auf über U$ 10.000, gegen das Jahresende 2017 überschritt die Kryptowährung die Marke von U$ 19.000. Marktbeobachter gehen davon aus, dass nur ein geringer einstelliger Prozentsatz der Coins für Zahlungen genutzt wird. Den Rest horten Anleger in der Hoffnung auf weiter steigende Kurse. So bleibt das Angebot bei rasch steigender Nachfrage knapp. Anfang Dezember beschlossen mehrere Optionsbörsen in den USA, Terminkontrakte auf den Bitcoin zu lancieren. Damit können auch Wetten auf sinkende Bitcoin-Kurse eingegangen werden. Dieser Umstand macht die Kryptowährungen nun auch für institutionelle Investoren wie etwa Hedge-Funds attraktiv. Bereits zuvor gab es Anlageprodukte auf den Bitcoin, in der Schweiz beispielsweise Tracker-Zertifikate. Eine Privatbank offerierte zudem ein Blockchain-Asset-Management.

Im Kielwasser des Bitcoin-Anstiegs entwickelt sich ein schnell wachsendes Biotop von Kryptowährungen. Mittels der Emission von neuen Anrechten auf Kryptowährungen, sogenannten Initial Coin Offerings (ICO), wächst das Angebot täglich. Doch das Anwendungsgebiet geht über reine Zahlungen hinaus. Die Blockchain-Technologie ermöglicht auch andere sichere Transaktionen ohne Zwischeninstanz – so etwa das Immobiliengeschäft; die Rolle des Notars wird somit von der Blockchain übernommen werden.

Wie unterscheidet sich Bitcoin von »normalen« Währungen?

Der größte Unterschied von Kryptowährungen gegenüber traditionellen Währungen ist, dass sie nicht an die Geldpolitik eines Landes gekoppelt sind und nicht Notenbanken das exklusive Recht haben, diese Währungen auszugeben. Die Anzahl der Bitcoins ist bei 21 Millionen gedeckelt. Dies soll eine Inflation verhindern. Die Notenbanken können dagegen – wie in den vergangenen Jahren gezeigt – ohne Obergrenze Geld schöpfen, wenn das ihre Geldpolitik verlangt. Doch obwohl gerade Bitcoin angetreten ist, die Notenbankwährungen obsolet zu Kryptowährungen zu machen, ist Bitcoin wie beim Notenbankgeld (im Idealfall) teilbar, haltbar, transportierbar, schwer zu fälschen und vor allem: knapp.

Neben Bitcoin gibt es inzwischen eine Fülle weiterer Kryptowährungen. Wie unterscheiden sie sich?

Noch im Jahr 2011 war Bitcoin die einzige Kryptowährung. Doch das überzeugende Konzept führte zu zahlreichen alternativen Währungen (»Alt Coins«). Mittlerweile gibt es deren über 1300. Der wichtigste Konkurrent von Bitcoin ist Ether von Ethereum. Die 2013 vom damals 19-jährigen Vitalik Buterin geschaffene Technologie basiert auch auf der Blockchain, ist aber gegenüber jener von Bitcoin leistungsfähiger und in der Lage, intelligente Verträge (»smart contracts«) selbst auszuführen. Zudem verfolgt Ethereum ein anderes Ziel: Es geht weniger darum, mit Ether zu bezahlen, als vielmehr darum, auf einer elektronischen, dezentralen Grundlage ganze Organisationen aufzubauen. Auf Ethereum basieren deshalb die meisten sogenannten Initial Coin Offerings (ICO).

Viel Beachtung in der Industrie genießt IOTA. Diese Kryptowährung nennt sich wenig bescheiden »das

Rückgrat für das Internet of Things (IOT)«. Diese Währung soll dereinst, wenn Maschinen direkt miteinander kommunizieren, dazu dienen, Dienstleistungen ohne menschliches Zutun sogleich zu bezahlen. Diese sogenannten Machine-to-Machine-Payments könnte etwa ein Auto leisten, das der Parkuhr die Parkzeit beim Wegfahren direkt vergütet. Oder eine Solaranlage, die einen Wettersensor für eine Prognose bezahlt. Im großen Unterschied zu anderen Kryptowährungen basiert IOTA nicht auf der Blockchain.

Noch vor IOTA auf Platz drei auf der Rangliste der größten digitalen Währungen findet sich wieder ein Bitcoin – der Bitcoin Cash. Dieser entstand durch eine Abspaltung, eine sogenannte Hard Fork. Diese ist das Ergebnis einer Änderung im Bitcoin-Protokoll zur Datengröße der Blöcke in der Blockchain. Weil sich die Bitcoin-Gemeinde nicht einigen konnte, kam es zur Aufspaltung. Jeder Besitzer eines Bitcoins bekam per 1. August 2017 auch einen Bitcoin Cash.

Litecoin wurde 2011 als Alternative zu Bitcoin angekündigt. Auf dem Markt für digitale Währungen wird Litecoin oft als »Silber« und Bitcoin als «Gold» bezeichnet. Litecoin gilt als Silber, da das Litecoin-Netzwerk Transaktionen viermal schneller verarbeiten kann als jenes von Bitcoin. Zudem beträgt das Gesamtangebot von

Litecoin 84 Millionen Coins, während das Gesamtangebot von Bitcoin auf 21 Millionen Einheiten begrenzt ist. Diese Vervierfachung der Anzahl Einheiten bedeutet, dass die potenzielle Inflationsrate von Litecoin jene von Bitcoin übertrifft.

Wie argumentieren Krypto-Enthusiasten?

Die Befürworter sind von dem demokratischen Aufbau des Systems und dem Fehlen der staatlichen Kontrolle überzeugt. Keine Notenbank kann beispielsweise eingreifen und die Staatsschulden über die Notenpresse finanzieren – und später inflationieren. Dank der Blockchain sind die Kryptowährung Bitcoin und ihre Schwesterwährungen fälschungssicher und anonym. Transaktionen mit Kryptowährungen sind durch das Ausschalten von Intermediären rascher und günstiger.

Wie argumentieren Krypto-Skeptiker?

Ursprünglich gaben vor allem die hohe Volatilität von Bitcoin und die Absenz jeglicher Regulation Anlass zur Kritik. Oft werden auch der fehlende Wert und die Anfälligkeit für technische Probleme als Nachteil angeführt. Viele Skeptiker bezeichnen den Markt um Kryptowährungen mittlerweile als Schneeballsystem. Dies insbesondere, seit die Zahl der neuen Emissionen (ICO) explodiert ist und die Investoren ihren Einsatz mit bereits bestehenden Kryptowährungen bezahlen. Allein die Kursexplosion der vergangenen Monate zeige, dass sich der Markt in einer Blase befinde. Die Kryptowährung Bitcoin, die angetreten sei, die Inflation einzudämmen, habe eine Hyperinflation ausgelöst. Mit der steigenden Zahl an Bitcoins wird das System des Bitcoin-Netzwerks zudem langsamer und Transaktionen immer teurer.

Wozu kann ich Bitcoin oder andere Kryptowährungen nutzen?

In der Schweiz können Bitcoins zum Beispiel am Fahrkartenautomaten der SBB oder bei vergleichbaren Automaten von Finanzinstituten erworben werden. Zahlreiche Läden, Restaurants und Online-Shops bieten ihre Ware gegen Bitcoin an. Dabei handelt es sich aber oft lediglich um Marketingaktionen. Angesichts der hohen Volatilität ist es auch schwierig, verbindliche Preise in Bitcoin zu definieren. Die Mehrzahl der Bitcoin-Besitzer hortet die Kryptowährung in Erwartung weiterer Kursgewinne. Ein kleiner Teil der Transaktionen in Bitcoin dürfte auch erfolgen, weil man sich so der Überwachung durch staatliche Behörden entziehen kann.

Wie läuft eine Bitcoin-Transaktion ab?

Kunde A erwirbt bei Verkäufer B ein Gegenstand oder Produkt. Anstatt Bargeld schickt A einen Teil eines Bitcoins. Wenn A und B über ein Smartphone verfügen und auf dem Handy von B ein Krypto-Wallet installiert ist, kann B die Software starten und eine Zahlung empfangen, indem sie den QR-Code auf dem Smartphone von A scannt. Umgehend wird das Konto von A belastet, und auf jenem von B erfolgt eine Gutschrift. Die Transaktion wird auf ein Peer-to-Peer-Netzwerk auf der ganzen Welt gesendet. Sogenannte Miner suchen das Netzwerk kontinuierlich nach neuen Transaktionen ab. Mithilfe einer Hardware erstellen die Miner Blöcke, die eine Liste validierter Transaktionen enthält. Diese Blöcke werden in chronologischer Reihenfolge aneinandergereiht, wodurch eine Kette entsteht (daher der Name Blockchain). Nach ungefähr zehn Minuten ist die Transaktion von A und B von allen Computern im Netzwerk bestätigt und dezentral gesichert.

Wie kann ich Kryptowährungen erwerben?

Am einfachsten kommt man über einen sogenannten Wallet-Anbieter an die digitalen Zahlungsmittel. Als Erstes erstellt man einen Account bei einem der vielen Wallet Anbietern. In der Regel werden dabei die Personalien aufgrund von Kreditkarte und ID-Kopie verifiziert. Nach wenigen Minuten kann man so Geld per Kreditkarte transferieren und erhält sein Guthaben in Bitcoin. Kauft man bei einem solchen Anbieter Coins, werden diese dort verwaltet. Die Insolvenz von Anbietern oder Hackerangriffe haben gezeigt, dass die Guthaben dort nur bedingt sicher sind – besonders, wenn die Anbieter des Wallets sich in Schwellenländern befinden. Darum sollte man sich die Coins »ausliefern« lassen. Da sie aber weder physisch noch digital existieren (sondern nur als File in der Blockchain), braucht man dazu nur den Code seiner Coins, der einem den Weg zum Zugangscode im Wallet zeigt. Diesen gilt es sicher aufzubewahren, am besten mehrfach und auf einem Speichermedium, das offline ist. Mithilfe dieses Codes kann man jederzeit über seine Bitcoins verfügen; geht er verloren, ist auch das Bitcoin-Guthaben weg. Mittlerweile bieten zahlreiche Banken Konten und Produkte für die Investition in Bitcoin an. Diese sind zwar teuer, dafür muss man sich nicht um die Sicherheit und die Aufbewahrung der Codes sorgen. Die Dienstleistungen des Wallet Anbieters sind auch nicht umsonst, insbesondere der Wechsel zurück in traditionelle Währungen kann je nach Anbieter kräftig ins Geld gehen. Die Gebühr für einen Bitcoin-Transfer hängt meist von der Auslastung des Systems ab. Ist das System stark ausgelastet erhöht der Wallet-Anbieter meist die Gebühr.

Um Kryptowährungen zu kaufen, benötigt man eine Wallet, also eine virtuelle Geldbörse. Sie dient zur Aufbewahrung der digitalen Münzen und ist die Voraussetzung dafür, dass man Kryptowährungen kaufen, aufbewahren und als Zahlungsmittel nutzen kann. Die Wallets sind ein Bestandteil der Zugangssoftware für das jeweilige Netzwerk – um unterschiedliche Kryptowährungen zu kaufen, braucht man also jeweils eine separates Wallet.

Die digitalen Münzen werden in einem Wallet in Form von algorithmischen, kryptografisch verschlüsselten Zeichenfolgen abgelegt. Voraussetzung für die Generierung dieser »privaten Schlüssel« (Private Keys) ist die Bestätigung der jeweiligen Transaktion und deren

Hinterlegung in der Blockchain. Einen Private Key erhält man, wenn man die digitale Münzen der jeweiligen Kryptowährung empfängt oder versendet. Er ist der eindeutiger Eigentumsnachweis über das virtuelle Geld. Allerdings muss man sicherstellen, dass man die Private Keys für seine Transaktionen nicht verliert. In einem solchen Fall hat man auf diese Transaktionssumme dauerhaft keinen Zugriff mehr, da die Blockchain-Technologie nicht ermöglicht, die privaten Schlüssel mehrfach zu generieren. Für »ruhendes« digitales Geld, das als Wertanlage dienen soll, gibt es spezielle Sicherungssysteme. Als permanente Transaktionsadresse, die verschlüsselt ist, vom Prinzip her jedoch wie eine E-Mail-Adresse funktioniert und man erhält nach der Eröffnung deines Netzwerkzugangs/Nutzerkontos einen »öffentlichen Schlüssel« (Public Key).

Bei diesem Anbieter können Sie Ihre Coins offline verwalten:

www.trezor.io

Sollte ich in Kryptowährungen investieren?

Es gab an den Kapitalmärkten bisher keine vergleichbare Kursentwicklung, die nicht in einer dramatischen Kurskorrektur endete. Das dürfte auch bei den Kryptowährungen so sein. Doch wann die Kurskorrektur der Fall sein wird, ist schwer abzuschätzen. Noch nie konnte so einfach über das Internet mit einem knappen Gut spekuliert werden. Wer sich nicht zu weit aus dem Fenster lehnen will, aber die Spekulationschancen durch die digitale Währung nicht verpassen will, wird tendenziell auf ein Bankprodukt setzen. Wer die Technologie begreifen und »spüren« möchte, wird eine kleinere Summe in Bitcoin investieren und auf dem Web loslegen.

Wie volatil der Bitcoin-Kurs ist, lässt sich exemplarisch am Zeitraum zwischen dem 7. und dem 10. Dezember zeigen. Der Kurs schoss mehrmals innerhalb von Stunden und gar Minuten um über 1000 Dollar nach oben, um kurz darauf wieder ähnlich drastisch zu fallen und allein im Januar 2018 brach der Kurs von Bitcoin & Co. Bis z.T. 25% ein, was einem Verlust von ca. 21 Milliarden USD entsprach.

Mein Vorschlag wäre, wenn Sie auf den Anstieg von Kryptowährungen spekulieren wollen, sich noch 10 günstige Währungen auszusuchen, die unter 5 Euro pro Coin liegen oder aber nach gänzlichen Neuemissionen Ausschau zu halten und beim Vorverkauf bereits schon in eine Kryptowährung zu investieren. Hier würde ich nicht mehr als 1.000 Euro pro Währung einsetzen, da Sie hier mit dem Totalverlust des Investments rechnen müssen. Ein neuer Emittent wäre z.B. BDX-Coin. Wenn Sie in 10 verschiedene junge Währungen jeweils 1.000 Euro investieren, haben Sie 10.000 Euro investiert. Hier müssen Sie am besten nichts mehr machen und Ihre Coins einfach im Wallet liegen lassen. Wenn nur eine der 10 Währungen, einen annähernden Erfolg wie Bitcoin bekommt, wären Sie in kurzer Zeit Millionär. Investieren Sie hier nur Geld das Sie nicht benötigen und auch verlieren können. Wenn Sie im Vorverkauf 1.000 Euro bei BDX-Coins investieren, würden Sie die Coins zu 0.15 Euro pro Coin bekommen, hätten also ca. 6700 Coins im Wallet. Wenn diese in 3 Jahren einen Wert von 1.000 Euro pro Coin haben, sind Sie bereits unter den Millionären und können 1.000 Euro x 6700 = 6.700.000 Euro einsacken. Die Investition in bereits schon gut etablierte Kryptowährungen habe ich in einem späteren Absatz erläutert.

In Kryptowährungen zu investieren, lohnt sich angesichts der Kurs- und Wertentwicklung der digitalen Währungen auf jeden Fall. Allerdings ist mit Investitionen in Kryptowährungen aus heutiger Perspektive vor allem Spekulation verbunden: Anders als für Aktien und andere Wertpapiere gibt es für die digitalen Währungen bisher keine etablierten Bewertungsformeln.

Besonders deutlich wird das an reinen Kryptowährungen wie dem Bitcoin, bei Ethereum oder Ripple fließt das gesamte Geschäftsmodell der jeweiligen Plattform auch stärker in die Bewertung der digitalen Währung ein.

In Kryptowährungen zu investieren, ist also eine Wette auf die Zukunft – ob mit ungewissem Ausgang, müssen Anleger für sich selbst entscheiden.

Für Investitionen in digitale Währungen sprechen jedoch mehrere Punkte:

Kryptowährungen sind derzeit dabei, sich als Alternative zum sogenannten »Fiatgeld« – den konventionellen Währungen – zu etablieren. Im Zuge der Digitalisierung der Finanzmärkte und des Geldverkehrs wird ihre Bedeutung weiterwachsen.

Sie sind ein Bestandteil einer Krypto-ökonomie mit sehr großem Potential, die sich derzeit noch in ihren Anfängen befindet, die Wirtschaft und die Finanzmärkte jedoch perspektivisch revolutionieren wird.

Sie besitzen das Potential, die konventionellen Währungen zu einem späteren Zeitpunkt abzulösen. Immerhin sind digitale Währungen in Japan und Australien seit 2017 offiziell anerkannte Zahlungsmittel.

Sie ermöglichen weitgehende Anonymität und damit die Abwesenheit staatlicher oder privatwirtschaftlicher Kontrolle, wenn die immer wieder diskutierte Abschaffung des Bargelds wirklich kommen sollte.

Vor allem der Bitcoin ist derzeit die mit Abstand renditestärksten Anlageoption auf dem gesamten Markt. Auch für Investitionen in die wichtigsten anderen Kryptowährungen kann man perspektivisch mit beachtlichen Renditen rechnen – im Fall von Ethereum ist dieser Punkt wahrscheinlich erreicht.

Wenn man in Kryptowährungen investieren möchte, steht die Entscheidung an, ob man an einer langfristigen Geldanlage interessiert ist oder von kurzfristigen Kursveränderungen profitieren möchte. Im ersten Fall geht es darum, deine Bestände an Bitcoin & Co. langfristig zu halten. Natürlich muss man gegensteuern, wenn sich die Wechselkurse nachhaltig negativ verändern. Allerdings weisen die Kurse aller Kryptowährungen derzeit eine sehr starke Schwankungsbreite auf. Beispielsweise kann sich der Wechselkurs des Bitcoins in sehr kurzen Zeiträumen oder sogar an ein- und demselben Handelstag um mehrere hundert US-Dollar ändern. Für langfristige Investitionen in Kryptowährungen braucht man also einen langen Atem.

In Bitcoin investieren

Wer bereits vor einigen Jahren in den Bitcoin investiert hat, kann sich heute über einen immensen Vermögenszuwachs freuen. Mit seiner Wertentwicklung hat er sämtliche konventionellen Währungen und sämtliche anderen Anlagemodelle abgehängt. Ökonomen haben ausgerechnet, dass der Wechselkurs des Bitcoins zwischen Ende 2011 und Mitte 2017 um knapp 8.800 Prozent gewachsen ist. Im Dezember 2011 für 1.000 US-Dollar gekaufte Bitcoins waren Anfang Juli 2017 somit rund 8.800.000 US-Dollar wert. Inzwischen ist der Wechselkurs des Bitcoins weiter angestiegen.

In Bitcoin zu investieren, lohnt sich jedoch auch heute und trotz des inzwischen hohen Preises für diese digitale Währung. So gut wie alle professionellen Beobachter sind sich darüber einig, dass der Kurs des Bitcoins weiter steigen wird – auch völlig abgesehen von einer aktuellen Extremprognose, die dem Bitcoin für einen Zeitpunkt nach 2020 einen Wechselkurs von 25.000 US-Dollar und höher prophezeit.

Wenn man Geld in Bitcoin anlegen möchte, sprechen dafür neben der rasanten Wertentwicklung dieser Kryptowährung weitere gute Gründe: Anders als bei konventionellen Währungen ist die Geldmenge des Bitcoins limitiert. Hieraus ergibt sich ein permanenter Aufwertungsdruck gegenüber dem »Fiatgeld«.

Wie geht es weiter mit Kryptowährungen?

Die Kryptowährungen stehen vor zahlreichen Herausforderungen, die den derzeitigen Hype eher abkühlen werden. Es wird erwartet, dass sich der Regulator vermehrt in den Markt einmischen wird – etwa die Finanzmarktaufsicht in den Emissionsprozess. In China und Südkorea hat die Regierung ICO bereits verboten. Aber auch Steuerbehörden und die Justiz werden mehr Informationen zu den Transaktionen verlangen. Der Stromverbrauch macht die alternativen Währungen zu Sorgenkindern im Hinblick auf die Klimaerwärmung. Zudem werden Angriffe von Hackern immer wieder zu Rückschlägen, Unsicherheiten und vielleicht zum Verschwinden von Marktplätzen führen. Auf der anderen Seite sind Finanzdienstleister und Länder daran, »langweilige« Kryptowährungen zu etablieren, die Transaktionen sicher und günstig machen, aber an eine bestehende Währung gebunden sind.

Bitcoin Prognose

In den vergangenen beiden Jahren hat der Bitcoin einen regelrechten Hype erlebt. Die meisten Marktbeobachter gehen davon aus, dass der Aufwärtstrend von Bitcoin seinen Höhepunkt noch lange nicht erreicht hat. Aktuelle Indizien dafür sind unter anderem, dass der Bitcoin im Spätsommer 2017 die Abspaltung der digitalen Schwesterwährung Bitcoin Cash und das staatlich verordnete vorläufige aus für die chinesischen Bitcoin-Börsen ohne nachhaltige Kurseinbrüche überstanden hat.

Die Bitcoin Zukunft hängt maßgeblich davon ab, in welchem Maße Anleger der digitalen Währung ihr Vertrauen schenken. Derzeit nimmt ihre Anzahl kontinuierlich zu. Zudem ist der Bitcoin dabei, sich nicht nur als digitales Zahlungsmittel, sondern auch als eigenständige Anlageklasse zu profilieren, was ebenfalls für eine langfristig positive Bitcoin Prognose spricht. Viele Finanz-Gurus sehen den Bitcoin in Kürze bei 100.000 USD und manche sogar bei 1 Million USD, was ich für sehr übertrieben halte. Andere Finanz-Experten, wie z.B. Waren Buffet, warnen vor Kryptowährungen und selbst Erfinder so mancher Kryptowährung erwecken den Eindruck, dass diese selbst glauben, dass sich die Kryptowährung mittlerweile schon in einer Blase befinden die jederzeit platzen kann.

Was ist eine Blockchain?

Die Blockchain ist das Herzstück des Bitcoins und anderer digitaler Währungen. Sie besteht aus einer ununterbrochenen Kette (»chain«) chronologisch aufeinanderfolgender Datenblöcke, in denen sämtliche Transaktionen innerhalb des Netzwerks hinterlegt sind. Untereinander sind sie durch algorithmische Zeichenfolgen – die sogenannten Hashs – verbunden.

In jedem neuen Datenblock ist ein Hash des vorhergehenden Blocks enthalten. Die Datenblöcke entstehen bei der Verarbeitung und Bestätigung der Transaktionen in der digitalen Währung. Dieses Prozedere ist auch die Grundlage für das Mining (Schürfen) neuer Münzen, falls das Datenprotokoll der jeweiligen Kryptowährung analog zum Bitcoin diese Form der Gelderzeugung vorsieht.

Die Blockchain erfüllt die Aufgabe eines »Hauptbuchs« für das Netzwerk. Diese Datenbank ist jedoch nicht auf einem zentralen Server hinterlegt, sondern befindet sich auf einer Vielzahl von Computern, die mit einem vollständigen Netzwerkzugang ausgestattet sind und das Netzwerk aktiv mit ihrer Rechenleistung unterstützen.

Solche Rechner agieren als sogenannte Nodes, die mit verschiedenen Funktionsumfängen und Aufgabenprofilen ausgestattet werden können. Die Intervalle, in denen neue Datenblöcke in der Blockchain abgespeichert werden, beruhen auf mathematischen Algorithmen und bestimmen den Zeitraum bis zur Bestätigung einer Transaktion. Im Bitcoin-Netzwerk entsteht alle zehn Minuten ein weiterer Datenblock, andere digitale Währungen funktionieren zum Teil mit deutlich kürzeren Intervallen.

Außerdem garantiert die Blockchain die Sicherheit des gesamten Netzwerks: Manipulationen der Blockchain gelten als unmöglich, da aufgrund der Hash-Referenz zwischen den einzelnen Datenblöcken eine Rückberechnung sämtlicher bisher getätigter Transaktionen nötig wäre. Die Blockchain-Technologie ist heute auch für die etablierten Banken und andere Unternehmen von Interesse. Daher beseht auch hier die berechtigte Überlegung, anstatt in eine einzelne Kryptwährung mit hohem Risiko zu investieren, in eine Firma zu investieren, die sich auf die Herstellung von Blockchains spezialisiert hat.

Bitcoin verbraucht Unmengen von Energie – warum ist das so?

Der immense Stromverbrauch erfüllt einen wichtigen Zweck: Er schützt Bitcoin vor Angriffen, indem der Preis für den Strom, der nötig wäre, um die Kontrolle über alle Transaktionen des Netzwerks zu gewinnen, künstlich nach oben getrieben wird. Die Miner, die Bitcoins validieren wollen, müssen zuvor komplizierte kryptografische Aufgaben lösen, deren Schwierigkeitsgrad stets zunimmt. Zur Belohnung erhalten die Miner neue Bitcoins. Ein Angreifer, der das System manipulieren wollte, müsste mehr Rechenleistung aufbringen als alle ehrlichen Teilnehmer des Systems zusammen. Der weltweite Stromverbrauch beim Schöpfen von Bitcoins wird gegenwärtig auf über 30 Terawatt-Stunden jährlich geschätzt und entspricht damit dem Stromverbrauch von ganz Dänemark.

Bitcoin Cloud Mining

Eine Alternative zu den Mining-Pools sind Bitcoin Cloud Mining Dienste, die in den letzten Jahren im Zuge der Entwicklung des Cloud-Computings entstanden sind. Ebenso wie bei den Mining-Pools übernimmt das Schürfen der Bitcoins der Betreiber und stellt dafür die Technik und die Software zur Verfügung. Neben rein kommerziellen Anbietern und einigen schwarzen Schafen sind in dieser Branche viele Bitcoin-Idealisten tätig, denen es darum geht, die Dezentralität der digitalen Währung zu erhalten, indem sie der Konzentration der Mining-Kapazitäten in gigantischen Pools ein anderes Geschäftsmodell entgegensetzen.

Welche sonstigen Kryptowährungen gibt es?

Nachstehend einige der gängigsten Kryptowährungen. Es gibt insgesamt über 1300 Krypto-Währungen, wir haben hier nur einen sehr kleinen Ausschnitt der gängigsten Währungen aufgeführt:

Ethereum

Die dezentrale Plattform Ethereum existiert seit 2014. Sie wird von der Schweizer Ethereum-Stiftung als Non-Profit-Projekt betrieben. Zur Entwicklung der Plattform tragen zahlreiche unabhängige Entwickler bei.

Ethereum nutzt die Blockchain-Technologie dazu, Unternehmen eine Alternative zu konventionellen Verträgen anzubieten. Die Smart Contracts von Ethereum sind Webanwendungen, die es ermöglichen, in einem globalen Maßstab Geschäfte abzuwickeln, Werte zu transferieren und sichere Eigentumsnachweise zu erbringen. Sie dienen beispielsweise dazu, innerhalb des

Ethereum-Netzwerks eine Crowdfunding-Kampagne zu starten, Auktionen von virtuellen oder physischen Produkten zu initiieren oder virtuelle Anteilsscheine an einem Unternehmen zu emittieren. Durch die Dezentralität der Plattform sind Netzwerkausfälle, Korruption und Manipulationen sowie die Einflussnahme Dritter ausgeschlossen. Zur Transaktionsabwicklung innerhalb des Netzwerks dient die Kryptowährung Ether. Sie basiert auf sogenannten Token, die durch Mining erzeugt oder käuflich erworben werden können. Der englische Begriff Token bezeichnet ursprünglich Anteilsscheine, im Kontext einer Kryptowährung geht es dabei um digitale Münzen.

Neben Ethereum gibt es seit Oktober 2016 die Kryptowährung Ethereum Classic, deren Entwickler aufgrund von internen Differenzen das Projekt der Ethereum-Stiftung verlassen haben.

Die Marktkapitalisierung von Ethereum lag im September 2017 bei knapp 25 Milliarden US-Dollar. Der Wechselkurs der Kryptowährung schwankte im gleichen Monat zwischen ca. 260 und knapp 380 US-Dollar. Damit belegt Ethereum in der Welt der Kryptowährungen nach dem Bitcoin derzeit einen unangefochtenen zweiten Platz. Bis März 2017 lag der Wechselkurs von Ethereum permanent unter der Marke von 15 US-Dollar, danach stieg er sukzessive an. Seit Juni 2017 liegt er dauerhaft über dem Wert von 150 US-Dollar, ist jedoch – ebenso wie die Wechselkurse anderer Kryptowährungen inklusive des Bitcoins – durch starke Schwankungen geprägt.

Ebenso wie die Zukunftsaussichten des Bitcoins gestaltet sich auch die Ethereum Prognose positiv. Beobachter erwarten, dass die Wertentwicklung dieser Kryptowährung anhält und Ethereum in dieser Hinsicht noch großes Potential besitzt. Erwartet wird, dass auch Ethereum analog zum Bitcoin in absehbarer Zeit den Sprung in den regulären Börsenhandel schafft, was der Kursentwicklung dieser digitalen Währung mittelfristig weiteren Auftrieb geben dürfte.

Ripple

Das Ripple-Netzwerk und seine digitale Währung Ripple XRP wurden ab 2013 durch Ryan Fugger und die Ripple Labs entwickelt. Auch das Ripple-Netzwerk basiert auf der Blockchain-Technologie, galt in der entstehenden Kryptoökonomie jedoch zunächst als Sonderfall, da es nicht nur Transaktionen mit digitalen Werten, sondern auch den Handel mit konventionellen Devisen und materiellen Gütern unterstützt. Für Handelsgeschäfte und als Wertanlage können die Teilnehmer des Ripple-Netzwerk die Kryptowährung Ripple XRP, aber auch beliebige konventionelle Währungen nutzen. Eine Geldschöpfung durch Mining ist nicht vorgesehen, zum Start des Netzwerks wurden von dessen Begründern 100 Milliarden Ripple XRP herausgegeben.

Die Marktkapitalisierung des Ripple XRP lag im September 2017 bei 6,5 Milliarden US-Dollar. Zwar hat der Wechselkurs des Ripple XRP seit Anfang 2017 deutlich angezogen, bewegt sich jedoch nach wie vor auf niedrigem Niveau. Sen bisheriges Allzeithoch erreichte er am 18. Mai 2017 mit dem Wert von 0,36 US-Dollar.

Monero

Die Kryptowährung Monero (XMR) befindet sich seit 2014 auf dem Markt. Sie beruht auf der Bitcoin-Technologie, setzt jedoch im Hinblick auf einige Kernbereiche andere Akzente. Hierzu gehören insbesondere:

– Höhere Anonymität durch neu entwickelte Verschlüsselungsverfahren.

– Größere Dezentralität durch einen Mining-Algorithmus, dessen Proof-of-Work-Prozedere für Personal Computer optimiert ist.

– Kürzere Transaktionszeiten und höhere Skalierbarkeit. Neue Datenblöcke werden in der Monero-Blockchain in Zwei-Minuten-Intervallen generiert.

Die Marktkapitalisierung des Monero (XMR) lag im September 2017 bei 1,27 Milliarden US-Dollar. Der Wechselkurs des Monero (XMR) zieht bereits seit dem Herbst 2016 an und hat sich seitdem sehr gut entwickelt. Im März 2017 lag er erstmals bei rund 13 US-Dollar, im September 2017 schwankte er zwischen 85 und 138 US-Dollar.

Dash

Die Kryptowährung Dash – eine Abkürzung für Digital Cash, frühere Namen waren XCoin und Darkcoin – wurde ebenfalls im Jahr 2014 aufgelegt. Sie basiert direkt auf dem Bitcoin-Protokoll, zielt jedoch ebenso wie der Monero (XRP) darauf ab, die Blockchain-Technologie im Hinblick auf Anonymität, Skalierbarkeit und Transaktionsgeschwindigkeit zu optimieren.

Der Kern des Dash-Netzwerks sind die sogenannten Master Nodes. Sie sammeln Transaktionsdaten von einfachen Nodes und anonymisieren/verschmelzen sie im Rahmen eines spezifischen Coinjoint-Verfahrens, außerdem bestätigen sie Transaktionen fast in Echtzeit. Anders als im Bitcoin-Universum werden 45 Prozent der Mining-Erträge innerhalb des Dash-Netzwerks an die Betreiber der Master Nodes ausgeschüttet.

Die Marktkapitalisierung von Dash lag im September 2017 bei rund 2,5 Milliarden US-Dollar. Der Wechselkurs des Dashs hat sich seit Ende 2016 ebenfalls sehr positiv entwickelt. Im März 2017 überschritt er erstmals die Marke von zehn US-Dollar, im September 2017 lag er – bei stärkeren Schwankungen – zwischen 250 und knapp 380 US-Dollar.

NEM/XEM

NEM/XEM ist eine weitere kryptografisch organisierte, dezentrale Blockchain-Plattform, die im Mai 2015 an den Start ging. NEM (»New Economy Movement«) steht für den Plattformnamen, XEM ist die dazugehörige Kryptowährung. Mit seinem Blockchain-Geschäftsmodell will NEM nachhaltiges und wertebasiertes Wirtschaften unterstützen und hat hierfür ein eigenständiges Ökosystem geschaffen.

Das NEM-Netzwerk will nicht nur finanzielle Transaktionen, sondern zahlreiche unterschiedliche Dienste auf dezentralem Wege in der Blockchain organisieren. Hierzu gehören Smart Contracts, smarte Eigentumsverwaltung, Internethandel, Finanzmarkttransaktionen und verschlüsselte Nachrichtenübermittlung.

Die NEM/XEM-Software ist in Java programmiert und wurde für sogenannte Thin Clients wie Smartphones oder Minicomputer optimiert. Ein Datenblock gelangt innerhalb einer Minute in die Blockchain. Für die Kryptowährung XEM verwendet die Plattform einen vollkommen neu entwickelten Proof-of-Importance-Algorithmus, der sich auf die Relevanz der jeweils interagierenden Benutzerkonten bezieht, ohne kleinere Konten auszuschließen. Zur Bewertung der Nodes im Netzwerk wird außerdem ein Reputations-Algorithmus angewendet. Das Mining digitaler Münzen ist trotz dieser Neuerungen auch im NEM/XEM-Netzwerk möglich.

Die Marktkapitalisierung von NEM/XEM lag im September 2017 bei knapp 1,9 Milliarden US-Dollar. Der Wechselkurs der digitalen Währung erreichte sein bisheriges Allzeithoch am 1. September 2017 mit einem Wert von rund 0,33 US-Dollar.

Bitcoin Mining

Kryptowährungen – Mining, Schürfen und Generieren

Ein Teil der digitalen Währungen – beispielsweise der Bitcoin, Ethereum, Monero oder Dash werden durch Mining generiert. Der englische Begriff Mining bedeutet Schürfen und wurde aus dem Bergbau in die Welt der Kryptowährungen transferiert. Aktive Miner stellen dem Netzwerk die Rechenleistung ihrer Hardware zur Verfügung. Sie sammeln und validieren Transaktionen, fassen sie zu einem neuen Datenblock zusammen und verschieben diesen in die Blockchain. Für die Erstellung der Blocks gibt der Netzwerk-Algorithmus nach dem Zufallsprinzip ein bestimmtes Target vor, das auf den Hashs beruht. Der Miner, der dieses Target zuerst errechnet, erzeugt den neuen Block, generiert damit neue digitale Münzen und erhält diese als Belohnung. Im Kern ist das Schürfen von Kryptowährungen somit ein Rechenwettbewerb.

Wie viel virtuelles Geld man durch erfolgreiches Mining erhalten kann, unterscheidet sich nach der digitalen Währung, die man schürfen möchte. Für das Schürfen von Kryptowährungen benötigt man einen kompletten Netzwerkzugang – also nicht nur eine Wallet – inklusive der erforderlichen Mining-Software. Die technischen Anforderungen an die Hardware sind ebenfalls unterschiedlich. Für professionelles Mining benötigt man jedoch nicht nur für den Bitcoin, sondern auch für andere Kryptowährungen in der Regel einen speziellen Mining-Rechner, da der Schwierigkeitsgrad des Schürfens sukzessive steigt.

Das Herzstück eines solchen Mining Rigs sind eine leistungsstarke CPU und insbesondere eine leistungsstarke Grafikkarte. Technisch versierte Miner stellen sich einen solchen Rechner selbst zusammen. Inzwischen sind jedoch auch – allerdings sehr teure – Mining-Rechner auf dem Markt erhältlich. Für industrielles Bitcoin Mining kommen in der Regel Hochleistungsrechner zum Einsatz.

Das Bitcoin Mining stellt besonders hohe Anforderungen an die Hardware. Die ersten Bitcoin-Miner generierten die digitale Währung noch am heimischen PC – auf einem normalen Rechner würden sie dafür heute mehrere Jahre brauchen. Die Computer für das Bitcoin-Mining können sich heute fast ausschließlich professionelle Miner leisten. Das Proof-of-Work-Konzept des Bitcoins bedingt, dass Miner mit der höchsten Rechenleistung auch die besten Chancen haben, einen Block und damit virtuelles Geld zu generieren. Ein großer Teil der heute generierten Bitcoins stammt aus großen, industriell betriebenen Mining Pools.

Im Sommer 2016 erfolgte im Bitcoin-Netzwerk eine Halbierung der Belohnung für die Miner. Erfolgreiche Miner erhalten seitdem pro Datenblock nicht mehr 25, sondern nur noch 12,5 Bitcoins. Das Bitcoin-Protokoll sieht diese Halbierung jeweils nach 210.000 Datenblöcken vor. Ursprünglich betrug die Belohnung für das Mining 50 Bitcoins, die nächste Halbierung steht voraussichtlich im Jahr 2020 an. Einige Experten betrachten die aktuelle Halbierung der Mining-Belohnung als einen der wichtigsten Treiber für den Bitcoin-Wechselkurs.

Die maximale Geldmenge im Bitcoin-Netzwerk ist auf 21 Millionen Bitcoin limitiert, von denen etwa 16,5 Millionen schon im Umlauf sind. Das Bitcoin-Mining findet daher voraussichtlich um das Jahr 2100 sein Ende.

Meiner Meinung nach lohnt sich das Mining für den Normalverbraucher unter keinen Umständen mehr.

Kryptowährungen handeln

Das Trading von Kryptowährungen ist eine sehr lukrative Möglichkeit, mit den investierten Geldern hohe Renditen zu erzielen. Derzeit erlebt vor allem der Bitcoin einen Trading-Hype, jedoch können auch andere Kryptowährungen sehr interessante Handelsoptionen sein.

Kryptowährungen handeln kann man im Alleingang an einer Online-Börse oder über einen professionellen Broker, der die Marktbeobachtung und das Trading übernimmt. Voraussetzungen für ein individuelles Trading mit digitalen Währungen sind ein Account bei einer Börse für Kryptowährungen sowie ein Netzwerkzugang bzw. Wallet für die Kryptowährungen, mit denen man handeln möchte. Ein Bitcoin Exchange ist für das Handeln von Kryptowährungen nicht geeignet, da die Kurse hier meist ungünstiger sind als an den Börsen und zudem Gebühren für den Broker fällig werden.

Im konventionellen Börsenhandel spielen Kryptowährungen bisher keine Rolle, was sich in sehr absehbarer Zeit jedoch ändern dürfte.

Wichtig für den Handel mit Kryptowährungen sind neben Marktwissen, Marktbeobachtung und etwas Glück auch Sicherheitsaspekte. Zu beachten ist:

Bitcoin-Einlagen haben keine Einlagesicherung und können somit unwiderruflich verloren gehen. Eine Einlagensicherung für Kryptowährungen gibt es nicht und wird es sehr wahrscheinlich auch nie geben – bei einem Wallet-Anbieter handelt man also komplett auf eigenes Risiko. Im Wallet sollten daher nur Bitcoins und andere Kryptowährungen liegen, mit denen man kurzfristig handeln oder bezahlen möchte – alle anderen Bestände in der digitalen Währung haben in der Börsenwallet nichts zu suchen, sondern gehören an einen sicheren Ort – also in deine privates ausgelagertes Wallet.

Bitcoin Trading

Bitcoins traden kann man weltweit an jeder beliebigen Börse für Kryptowährungen. Den Bitcoin haben ausnahmslos alle Börsen im Programm – schließlich ist er die älteste und mit einem Marktanteil von rund 46 Prozent die bisher wichtigste digitale Währung. Erfolgreich Bitcoins traden kann man jedoch nur, wenn man über entsprechendes Marktwissen verfügt und Marktinformationen auf permanenter Basis recherchiert. Beobachten sollte man dabei nicht nur die Kursentwicklung des Bitcoins oder einer anderen Kryptowährung, mit der man handeln möchte, sondern auch den Dollarkurs. In der Praxis ist eine solche kontinuierliche Marktbeobachtung durch die starken Kursschwankungen von Kryptowährungen nicht ganz einfach: Der Wechselkurs an den Börsen wird ausschließlich durch Angebot und Nachfrage geregelt, der Bitcoin-Kurs reagiert auf Marktbewegungen und Nachrichten kurzfristig und sehr sensibel. Hier wirkt sich auch aus, dass alle Marktteilnehmer zu jedem beliebigen Zeitpunkt Bitcoins handeln können – an den Online-Börsen gibt es keinen Börsenschluss oder formale Ruhetage.

Empfehlung unserer Leser:

EuropeFX

http://go.trustbucks.com/aff_c?offer_id=26&aff_id=1054

PrestigeFM

http://go.trustbucks.com/aff_c?offer_id=24&aff_id=1054

CarbonFX

http://go.trustbucks.com/aff_c?offer_id=38&aff_id=1054

Bitcoin Trader

http://go.trustbucks.com/aff_c?offer_id=42&aff_id=1054

HB+SWISS

http://go.trustbucks.com/aff_c?offer_id=32&aff_id=1054

FINTECH

http://go.trustbucks.com/aff_c?offer_id=40&aff_id=1054

Ethereum Code

http://go.trustbucks.com/aff_c?offer_id=73&aff_id=1054

Crypto Code

http://go.trustbucks.com/aff_c?offer_id=67&aff_id=1054

CryptoRobot365

http://go.trustbucks.com/aff_c?offer_id=61&aff_id=1054

FXMasterBot

http://go.trustbucks.com/aff_c?offer_id=28&aff_id=1054

Kryptowährungen an der Börse

Bisher werden digitale Währungen ausschließlich an Börsen für Kryptowährungen gehandelt. Im Jahr 2017 hat die US-Börsenaufsicht an der Bitcoin-Börse LedgerX erstmals die Emission und den Handel mit Bitcoin-Derivatpapieren zugelassen.

An den konventionellen Börsen spielen Kryptowährungen dagegen bisher keine Rolle, was sich allerdings in naher Zukunft ändern könnte. Im Frühjahr 2017 hatte die US-Börsenaufsicht nach insgesamt vier Jahren Entscheidungszeit dem weltweit ersten Bitcoin-Fonds an einer konventionellen Börse die Zulassung verweigert. Realisiert werden soll ein solches Projekt nun bis Ende 2017 in der Schweiz: Die Firma Crypto Funds AG will einen Indexfonds eröffnen, dessen Portfolio zu je 35 Prozent aus Bitcoin und Ether bestehen soll, außerdem sollen der Ripple, der Litecoin und eine fünfte, bisher nicht benannte digitale Währung mit an Bord sein.

Allerdings steht dieser Fonds vorerst nur institutionellen Investoren – vor allem Banken, Versicherungen, Pensionskassen – offen, um die regulatorischen Vorgaben nicht zu hoch anzusetzen. Angestrebt wird bereits im ersten Jahr ein Fondsvolumen von 100 Millionen Schweizer Franken/rund 92 Millionen Euro. Auch die amerikanischen Behörden haben inzwischen angekündigt, ihre Entscheidung über den börsennotierten Bitcoin-Fonds noch einmal zu überdenken. Sicher ist, dass sich auch mit Krypto-Wertpapieren perspektivisch sehr gut Geld verdienen lässt.

Bitcoin CFD Broker

CFDs sind Differenzkontrakte, die es an konventionellen Börsen für zahlreiche Bereiche – beispielsweise Aktien, Devisen, Rohstoffe, Staats- und Unternehmensanleihen – gibt. Beim Trading mit CFDs geht es darum, durch Spekulationen auf Kursveränderungen Gewinne zu erzielen. Sie sind sogenannte Hebelprodukte, ihr Handel erfolgt »auf Margin« – der Begriff bedeutet, dass Trader nur einen Bruchteil des Wertes einer Transaktion physisch hinterlegen müssen, um Trading-Positionen zu eröffnen.

Dieses Trading-Modell ist auch in der Welt der Kryptowährungen angekommen. Bitcoin-CFDs bilden die Kursbewegungen zwischen dem Bitcoin und einer konventionellen Währung – bisher fast ausschließlich US-Dollar – ab. Sie nutzen die starken Kursschwankungen der Kryptowährung aus. Bitcoin CFD Broker sind professionelle Trader, die im Auftrag ihrer Kunden je nach Kursentwicklung Bitcoins und konventionelle Währungen kaufen und verkaufen. Dafür werden zum Teil hohe Gebühren fällig. Ein Angebots- und auch ein Zuverlässigkeitsvergleich der Bitcoin CFD Broker lohnt sich also.

Ob man für das Trading einen Bitcoin CFD Broker in Anspruch nehmen möchte, kann man nur anhand deiner persönlichen Präferenzen und Investitionsziele entscheiden. Bitcoin CFD Broker gehören noch lange nicht zum Mainstream, inzwischen ist jedoch eine wachsende Zahl von Anbietern auf dem Markt aktiv. Durch die Marktkenntnisse eines solchen Profis kann man den Erfolg deines Bitcoin-Tradings optimieren. Ebenso hoch ist allerdings das Risiko für empfindliche Spekulationsverluste, die im ungünstigsten Fall den bei einem Bitcoin CFD Broker deponierten Investitionserfolg bei weitem überschreiten.

Empfehlung unsere Leser für den CFD Handel

24 Option: http://option.go2jump.org/SHxUMN

Entwicklung von Kryptowährungen 2017

Die digitalen Währungen erlebten vor allem in den letzten beiden Jahren einen rasanten Aufschwung. Das Jahr 2017 bezeichnet hier einen vorläufigen Höhepunkt. Die Marktkapitalisierung von Kryptowährungen belief sich im September 2017 auf 176 Milliarden US-Dollar, im Frühjahr 2017 lag sie noch bei rund 60 Milliarden US-Dollar. Als treibende Kraft für die Entwicklung von Kryptowährungen 2017 wirkt insbesondere der Bitcoin, jedoch hatten auch andere digitale Währungen beachtliche Wertsteigerungen zu verzeichnen.

Der Bitcoin als die erste und bisher wichtigste digitale Währung ist inzwischen endgültig im Mainstream angekommen. Als digitales Zahlungsmittel und als Wertanlage findet er weltweit immer breitere Akzeptanz.

Durch die Genehmigung der Emission von Optionsscheinen für Bitcoin-Derivate durch die Bitcoin-Börse LedgerX in den USA erhielt die Entwicklung von Kryptowährungen 2017 weitere entscheidende Impulse. Entsprechende Zulassungen für Wertpapiergeschäfte an weiteren US-amerikanischen und internationalen Börsen für Kryptowährungen dürften nicht mehr allzu lange auf sich warten lassen. Beobachter gehen davon aus, dass demnächst auf die Kryptowährung Ethereum den Sprung in den Börsenhandel schafft. Privatanlegern und institutionellen Investoren eröffnen sich hierdurch völlig neue Möglichkeiten für Geschäfte mit dem Bitcoin. Der in Vorbereitung befindliche börsennotierte Schweizer Indexfonds für fünf verschiedene Kryptowährungen ist hier ein weiterer Meilenstein. Sehr wahrscheinlich werden Bitcoin-Wertpapiere bald auch in den Depots von etablierten Fonds einen festen Platz belegen.

Allerdings kommen auf die Händler und Emittenten von digitalen Währungen künftig auch neue Pflichten zu. Bisher waren die Regulierungen für Kryptowährungen weltweit sehr gering. Zeitgleich mit der Börsenzulassung für Bitcoin-Derivate stellte die US-Börsenaufsicht SEC bereits im Frühjahr 2017 klar, dass Unternehmen, die mit digitalen Vermögenswerten Geschäfte machen, hierbei die Vorschriften des Wertpapiergesetzes erfüllen müssen. Die Kryptowährungen werden hiervon langfristig profitieren, da die staatliche Kontrolle bei der breiten Masse potentieller Anleger zu größerem Vertrauen beiträgt.

Kryptowährungen Potential

Finanzexperten bewerten auch das Potential von Kryptowährungen als äußerst positiv. Im Hinblick auf den Bitcoin rechnen sie damit, dass sein Wechselkurs bereits zum Jahreswechsel 2018 die Marke von 25.000 US-Dollar erreichen könnte – was das Entwicklungspotential des Bitcoins allerdings noch längst nicht ausschöpft.

Jedoch besitzen auch andere Kryptowährungen Potential. Beispielsweise erwarten Marktbeobachter auch für Ethereum weitere Kursrekorde. Kurzfristig gehen sie davon aus, dass der Ethereum-Kurs auf über 500 US-Dollar steigt, längerfristig wird er den Wert von 1.000 US-Dollar übersteigen. Günstige Prognosen geben die professionellen Marktbeobachter auch für weitere digitale Währungen ab.

Das Potential des Bitcoins ist derzeit vor allem durch seine immense Wertsteigerung begründet, durch die er zu einem ausgesprochen attraktiven Anlageobjekt geworden ist. Andere Kryptowährungen – etwa Ethereum, Ripple oder Stratis – profitieren von den Geschäftsmodellen der jeweiligen Unternehmen.

Kryptowährungen in der Kritik

Vor allem seit dem aktuellen Aufschwung von Bitcoin & Co. wird auch die Kritik an Kryptowährungen lauter. Einige Analysten sprechen von Kryptowährungen als einer Modeerscheinung und einer Blase, die irgendwann in sich zusammenfällt. Der Kurs-Hype hält demnach nur an, wenn immer neue Anleger ihr Geld in Kryptowährungen investieren. Falls das Vertrauen in die digitalen Währungen einbricht, würden daraus massive Kurs- und Wertverluste resultieren. Speziell im Hinblick auf den Bitcoin gibt es außerdem technische Kritik. Das Bitcoin-Netzwerk leidet unter zum Teil starken Skalierbarkeitsproblemen. Mehr als eine der später entstandenen digitalen Währungen ist mit dem Anspruch entstanden, diese Limitationen aufzuheben. Auch die Abspaltung von Bitcoin Cash im August 2016 ist vor diesem Hintergrund erfolgt.

Bitcoin Betrug / Risiko

Hier stellt sich natürlich auch die Frage, welches Risiko mit Kryptowährungen verbunden ist. Mit anderen Worten: Wie sicher sind Geldanlagen in einer digitalen Währung?

Einmal abgesehen von einigen festverzinslichen und inzwischen fast renditelosen Anlagemodellen ist auch mit Investitionen auf dem konventionellen Kapitalmarkt immer ein Risiko verbunden. Geldanlagen in Kryptowährungen sind durchaus eine Wette auf die Zukunft – allerdings aus heutiger Perspektive mit einer ausgesprochen günstigen Prognose. Auch die Volatilität (Schwankungsbreite) der Wechselkurse von Kryptowährungen ist nichts für schwache Nerven. Andererseits stehen einem gewissen Risiko von Kryptowährungen sehr attraktive Renditechancen gegenüber. Natürlich sollte man für Investitionen in Kryptowährungen sein persönliches Risikoprofil kennen und sich bei den Anlageentscheidungen danach richten. Auf keinen Fall sollten sämtliche Ersparnisse bzw. gerade freien Gelder in Investitionen in Kryptowährungen fließen. Mit dem Trading von Bitcoin CFDs über einen professionellen Broker ist ein relativ hohes Risiko verbunden.

Auch das technische Risiko von Kryptowährungen spricht nicht gegen Investitionen in Kryptowährungen. Zwar waren die Börsen in der Vergangenheit mehrfach auch das Ziel von Hackern. Jedoch verfügen die dezentralen Netzwerke der Kryptowährungen über sehr hohe Sicherheitsstandards. Auch die Börsen und Exchanges haben gelernt, sich gegen Attacken von außen wirksam abzusichern. Wichtig ist jedoch, dass man jederzeit die Kontrolle über sein Guthaben in Kryptowährungen ausüben kann.

Ist der Bitcoin gefährlich?

Bei einer Antwort auf die Frage, ob der Bitcoin gefährlich ist, kommt es auf die Perspektive an. Natürlich lassen sich Kryptowährungen durch ihre weitgehende Anonymität auch hervorragend für illegale Geschäfte wie Geldwäsche, Waffen-, Drogen- oder Menschenhandel nutzen. Skandale in dieser Hinsicht gab es immer wieder, im sogenannten Darknet ist der Bitcoin die mit Abstand beliebteste Währung. Im offiziellen Handel außerhalb des Darknets greifen inzwischen staatliche Kontrollen und insbesondere Selbstverpflichtungen der Handelsplätze, so dass der Bitcoin in diesem Rahmen nicht gefährlich ist. Allerdings stehen viele Staaten dem Bitcoin und anderen Kryptowährungen trotzdem eher skeptisch gegenüber. Zum einen stellen die digitalen Währungen das Geldmonopol der Notenbanken infrage, zum anderen schränkt die Anonymität und Dezentralität ihrer Netzwerke die Möglichkeit staatlicher Regulierungsmaßnahmen ein. Privatbanken befürchten, dass durch die Kryptowährungen langfristig ihr Geschäftsmodell obsolet wird.

Kryptowährungen – Erfahrungen und Fazit

Wenn man sich für Investitionen und/oder das Trading mit digitalen Währungen entscheidet, wird man interessante Erfahrungen mit Kryptowährungen, mit Börsen, Brokern und Exchanges sowie im Austausch mit anderen Nutzern des virtuellen Geldes machen. Die wichtigste Informationsquelle hierfür ist das Internet – einerseits die Webseiten und Portale von Krypto-Unternehmen, Blogartikel, aber auch Diskussionen in den sozialen Netzwerken und in Foren. In den digitalen Medien findet man zahlreiche Berichte über persönliche Erfahrungen mit Kryptowährungen und natürlich auch Bewertungen von Handelsplätzen und Trading-Varianten.

Social-Trading-Marktplätze für Kryptowährungen bieten insbesondere Anfängern die Möglichkeit, von den Erfahrungen erfolgreicher und zum Teil professioneller Trader von digitalen Währungen zu lernen und gegebenenfalls ihre Anlagestrategien zu übernehmen. Ob eine solche Plattform das Richtige ist, kann man nur ausprobieren. Ein Blick darauf lohnt sich auf alle Fälle, um die Erfahrungen mit Kryptowährungen zu erweitern.

Bitte beachten Sie, dass es diverse Unterschiede gibt zwischen dem reinen Kauf von Kryptowährungen und dem Handel mit Kryptowährungen. Bei beidem kann man mit unterschiedlichem Risiko Gewinne und Verluste machen – investieren und spekulieren Sie deshalb immer mit Verstand und nie aus »kurzfristiger Gier«. Bedenken sollte man auch, dass Kryptowährungen erst am Anfang stehen und es an den Märkten durch staatliche Regulierungsversuche zu starken Schwankungen kommen kann.

Zusammenfassung

Bitcoin ist die ursprünglich erste Kryptowährung, wurde im Jahr 2009 erstellt und ist von weniger als U$ 0,05 auf mehr als U$ 18.000 heute gewachsen.

Heute wachsen digitale Währungen schneller als alles andere. Und viele glauben, Bitcoin könnte eine der wichtigsten Erfindungen aller Zeiten sein.

Bitcoin ist eine einzigartige Form von Geld, vor allem, weil es nicht von Regierungen oder Banken kontrolliert wird. Es wurde wegen seiner Seltenheit als »digitales Gold« bezeichnet. Die Ausgabe von Bitcoins wurde auf 21 Millionen Bitcoins begrenzt und es wird immer nur 21 Millionen Bitcoins geben.

Nur ein paar Millionen Menschen besitzen heute Bitcoins.

Bitcoin befindet sich noch in der sehr frühen Phase der Akzeptanz. Zum Beispiel dauerte es rund 35 Jahre, bis der Kühlschrank die Einführung vollendete und etwa 15 Jahre für das Mobiltelefon. Vielleicht besitzen 1% der Bevölkerung überhaupt Kryptowährungen. Die Kryptowährung ist heute in der Anfangsphase wie 1992 die Mobiltelefone.

Aber die Akzeptanz wächst schnell. So ist Bitcoin exponentiell gewachsen: Je mehr Menschen mit Bitcoin Geld verdienen, desto mehr erzählen sie ihren Freunden davon. Sie reden darüber im Fernsehen. Es macht die Nachrichten. Immer mehr Menschen interessieren sich dafür und bekommen somit genügend Vertrauen um zu investieren. Der Zyklus wiederholt sich immer wieder. Dies ist Bitcoins Geheimnis für die virale, organische Akzeptanz.

Wichtig ist, dass Sie Bitcoin nicht fälschen können, da jeder im Netzwerk eine Kopie des »Ledgers« ausführt, der alle Transaktionen aufzeichnet (die Bitcoin-Blockchain). Bitcoin kann sowohl als Währung als auch als Wertaufbewahrungsmittel verwendet werden. Wie bereits erwähnt, ist der Preis von Bitcoin seit seinem Start im Jahr 2009 exponentiell gestiegen.

Keine andere Anlageklasse in der Welt hat das Potenzial, im Preis so viel wie Kryptowährungen zu steigen, und Bitcoin ist darin immer noch König dieser Welt. Manche Prognosen besagen Bitcoin könnte irgendwann 1 Million Dollar pro Münze übersteigen.

Heute besitzen nur ein paar Millionen Menschen überhaupt eine Kryptowährung. Wenn es sich als Wert-Zahlungsmittel durchsetzt, werden die heutigen Preise im Vergleich dazu spottbillig aussehen.

Sie können Bitcoin in wenigen Minuten über die ganze Welt senden, mit extrem niedrigen Gebühren im Vergleich zu traditionellen Optionen. Es hat das Potenzial, unser derzeitiges Geldsystem zu stören, wie es noch nie zuvor gesehen wurde.

Ich empfehle jedoch, nicht mehr als 3% Ihres Portfolios in Bitcoin und andere Kryptowährungen zu investieren. Wenn Sie einen längeren Zeithorizont haben, könnte eine stärkere Positionen gerechtfertigt sein. Eine große Investition ist jedoch nicht notwendig, um sich einen wesentlichen Vorteil zu verschaffen. Beginnen Sie mit kleinen Investitionen und bauen diese mit Ihren erzielten Gewinnen aus.

Empfehlung

Kryptowährungen sind heute eine seltene Gelegenheit. Immer mehr Menschen beginnen, die Vorteile und den Wert von Kryptowährungen, insbesondere Bitcoins, zu erkennen.

Bitcoin's schnelle Akzeptanz und massive Zunahme der Popularität verursacht jedoch wachsende Schmerzen. Das Netzwerk wird durch die erhöhte Laufstärke festgefahren. Infolgedessen sind die Transaktionen langsam und die Gebühren hoch. Korrekturen für diese Probleme sind in Arbeit, aber Bitcoins konkurrierende Kryptowährungen verschwenden keine Zeit.

Neue Münzen entstehen und wachsen schnell - jede mit seiner eigenen Spezialität.

Bitcoin zum Beispiel entwickelt sich zum »digitalen Gold« - eine Möglichkeit, Geld zu speichern und zu vermehren. Bitcoin kann auf der ganzen Welt in Bargeld oder andere Vermögenswerte umgewandelt werden. Es ist die »Reservewährung« der Kryptowelt.

Litecoin ist das »digitales Silber« und hat den Vorteil niedrigerer Gebühren und schnellerer Transaktionen.

Ethereum ist eine Plattform für den Aufbau dezentraler Anwendungen und die Ausführung von Smart Contracts in einem öffentlichen Hauptbuch (mehr dazu im Abschnitt Ether weiter unten).

Monero ist eine auf die Privatsphäre fokussierte Münze. (Ich persönlich vermeide Privatsphärenmünzen aufgrund regulatorischer Bedenken.)

Es ist deutlich geworden, dass es auf dem Kryptowährung-Sektor mehrere Gewinner geben wird. Wir wollen hier versuchen die nächsten großen Gewinner zu finden.

Drei Münzen mit 1.000X Potenzial

Aus Investitionssicht haben wir eine fantastische Gelegenheit vor uns. Wir befinden uns immer noch in der Early-Adopter-Phase, da nur einige Millionen Menschen überhaupt welche besitzen.

Bitcoin hat bereits Tausende von Menschen reich gemacht. Es hat eine ausgezeichnete Marke, starke Sicherheit und einen großen Vorsprung in Bezug auf die Akzeptanz.

In diesem Bericht werde ich drei junge Kryptowährungen behandeln, von denen die meisten Menschen noch nie etwas gehört haben. Jede ist stärker als Bitcoin in einigen Bereichen und schwächer in anderen. Jede hat eine ausgezeichnete Perspektive und erfüllt meine 10 »Must-Have« Bedingungen für den Erfolg.

Bevor wir uns jedoch unsere neuen Krypto-Empfehlungen ansehen, werde ich einige Portfolio-Richtlinien durchgehen.

Ich empfehle, nicht mehr als 3% Ihres gesamten Anlageportfolios in Kryptowährung zu investieren. Natürlich können Sie mit so wenig wie $ 50 oder $ 100 beginnen. Und Sie müssen keinen vollen Bitcoin oder Litecoin kaufen. Teile davon sind auch in Ordnung.

Bitcoin wird 50% des Krypto-Empfehlungsportfolios ausmachen. Die drei anderen in diesem Bericht behandelten Münzen werden die restlichen 50% unseres Portfolios ausmachen, diese wären:

Ethereum (ETH) - 15%

Litecoin (LTC) - 20%

New Economy Bewegung (XEM) - 15%

Diese Münzen sind immer noch klein im Vergleich zu Bitcoin. Hier sind die Marktkapitalisierungen (Gesamtwert aller Münzen) per 3. August 2017:

Bitcoin: 303,5 Milliarden Dollar

Ethereum: 80,9 Milliarden Dollar

Litecoin: 19,1 Milliarden Dollar

New Economy Bewegung: 2,1 Milliarden Dollar

Meine Empfehlung

Krypto-Empfehlung No. 1: Ethereum

Prozent des Portfolios: 15%

Crypto-Ticker: ETH

Marktkapitalisierung: 80,9 Milliarden US-Dollar

Gesamtangebot: Keine feste Liefergrenze; Münzen werden von der Ethereum Foundation ausgegeben, um das Netzwerk zu sichern und zu entwickeln

Kategorie: Intelligente Verträge und dezentrale Anwendungen

Gestartet: 2015

Ethereum ist eine intelligente Vertragsplattform - ein Netzwerk von verbundenen Computern mit einem gemeinsamen Hauptbuch. Es hat eine eingebaute Währung namens Ether. Diese Firma ist ein Grand Slam für Tech. Im Jahr 2015 von dem 23-jährigen Vitalik Buterin gegründet, ist Ethereum wie eine Rakete gestartet.

Die beliebteste Verwendung von Ethereum ist heute das anfängliche Münzangebot (ICO). Ein ICO ist, wenn eine neue Kryptowährung ihre Münzen zum Verkauf an die Öffentlichkeit anbietet. Es wird auch als Token- oder Münzverkauf bezeichnet.

Wenn Sie in einem ICO neue Münzen kaufen, geschieht dies normalerweise im Ethereum-Netzwerk. Sie kaufen die neuen Münzen mit Ether.

Um an ICOs teilnehmen zu können, müssen Sie normalerweise Ether auf Kryptowährungsbörsen (wie Bittrex) kaufen. Dies schafft eine konstante Nachfrage nach Ether von ICO-Teilnehmern. Die in einem ICO gesammelten Mittel werden jedoch letztendlich verkauft, um die Softwareentwicklung und andere Gemeinkosten zu finanzieren.

Intelligente Verträge werden verwendet, um Coins und Token-Käufe von ICOs zu verarbeiten. Sie senden Ether von Ihrem Wallet an eine bestimmte Adresse, und der Vertrag zeichnet Ihren Kauf auf der Blockchain auf und sendet Ihnen automatisch die neuen Tokens. Diese intelligenten Verträge haben alle Arten von erweiterten Funktionen wie Escrow, Anti-Spam-Maßnahmen, Transparenz und andere zusätzliche neue Innovationen.

ICOs erlebten letztes Jahr explosive Aktivitäten. Crypto-Startups sammelten im Jahr 2017 mit Hilfe von

ICOs fast 3 Milliarden US-Dollar. Und neue Münzen und Token werden immer noch jeden Tag gestartet.

Mit Ethereum können Entwickler im Wesentlichen Anwendungen erstellen, die darüber laufen. Das Ausführen dieser Anwendungen kostet winzige Mengen Ether. Dadurch werden Entwickler in die Lage versetzt, effizienten Code zu schreiben und Spam und bösartigen Datenverkehr zu eliminieren.

Es ist eine leistungsstarke Plattform mit praktisch unbegrenzten Anwendungen.

Zu den Firmenmitgliedern der Enterprise Ethereum Alliance gehören viele der größten Unternehmen der Welt wie:

Visa

Toyota

Accenture

BP

Intel

CME-Gruppe

Cisco

P. Morgan

All diese Unternehmen suchen nach Wegen, die Blockchain und das Netzwerk von Ethereum zu nutzen. Mit Ethereum befinden wir uns noch in einer sehr frühen Phase, aber diese Unternehmen (und Millionen von Menschen) glauben, dass das Potenzial groß ist.

Es ist weit verbreitet in der Industrie und wird dort als Währung verwendet. Entwickler werden in Ether bezahlt, weshalb sie ein starkes Interesse daran haben, das System so stark wie möglich zu machen.

Diese Währung ist bereits stark gestiegen, von U$ 10 im letzten Jahr auf U$ 225 im August 2017. Es ist ziemlich volatil.

Krypto-Empfehlung No. 2: Litecoin

Prozent des Portfolios: 20%

Crypto-Ticker: LTC

Marktkapitalisierung: 19,1 Mrd. USD

Gesamtangebot: 84 Millionen

Kategorie: Speichern und Werttransfer

Gestartet: 2011

Litecoin wurde 2011 von MIT graduiert. Charlie Lee ist ein Schwergewicht in der Kryptowelt. Nach der Gründung von Litecoin arbeitete er in einer leitenden Position bei Coinbase.com (dem größten Kryptowährungsanbieter der USA). Anfang 2017 verließ Charlie Coinbase, um sich ganz auf Litecoin zu konzentrieren.

Litecoin ist ähnlich wie Bitcoin, aber schneller. Es besteht hier die Chance, zu einer Kurssteigerung bis zu U$ 1 Million pro Coin mit einem momentan noch sehr geringen Einstandswert. Litecoin ist auch billiger zu senden. Händler, die in Crypto Transaktionen durchführen, lieben Litecoin. Es hat eine gute Liquidität an den Börsen und dient daher als ausgezeichnete Währung.

Litecoin basiert auf dem Open-Source-Code von Bitcoin. Aber Litecoin hat einige wichtige Verbesserungen implementiert und ist daher besser skalierbar als das Original. Litecoin kann viel mehr Transaktionen pro Sekunde verarbeiten als Bitcoin.

In Asien ist die Münze in letzter Zeit sehr populär geworden, wobei China mittlerweile den größten Anteil am Handelsvolumen hat.

Krypto-Empfehlung No. 3: New Economy-Bewegung

Prozent des Portfolios: 15%

Crypto-Ticker: XEM

Marktkapitalisierung: 2,1 Milliarden US-Dollar

Gesamtangebot: 9 Milliarden

Kategorie: Zahlung und Speicherung von Wertkryptowährung

Gestartet: 2015

Mit New Economy Movement (NEM) können Anwender mit wenigen Klicks »Smart Assets« - Datensätze, Tokens, Voting-Systeme - erstellen. Sie benötigen kein Team von Programmierern, um intelligente Ressourcen zu erstellen (im Gegensatz zu Ethereum). Das Ziel der Entwickler dieser Währung ist es, neues Geld zu schaffen, das auf »finanzieller Freiheit und Dezentralisierung« basiert. Dies ist eine spekulative Wette.

NEM ist eine der vielversprechendsten jungen Kryptowährungen. Es wird geschätzt, dass es 100 Mal energieeffizienter ist als Bitcoin. Die Transaktionsgebühren sind gering und das Volumen an den Börsen ist ausgezeichnet. NEM verfügt über einen einzigartigen

»Beweis der Wichtigkeit« -Algorithmus. Dies belohnt Benutzer, die häufig mit mehr Dividenden handeln. Dies ist Teil eines Prozesses namens »Ernte«.

Man braucht mindestens 10.000 NEM um zu ernten. Weitere Informationen zu diesem Prozess finden Sie im offiziellen NEM-Beitrag. Um NEM zu ernten, müssen Sie Ihre Münzen »überführen« lassen und für längere Zeit in einer »Brieftasche« aufbewahren. Das bedeutet, dass Leute gerne ihre NEM horten, was dazu beiträgt, dass die Preisaktion positiv bleibt.

Der Hauptmarkt von NEM (vorerst) ist Asien. Die Stiftung hat ihren Sitz in Singapur und ist in Japan sehr beliebt.

Viele Münzen beziehen den Großteil ihrer Technologie aus Bitcoin, aber nicht NEM. Es ist ein 100% neuer Code. Mit extrem schnellen Transaktionszeiten und einer Skalierbarkeit von bis zu Tausenden von Transaktionen pro Sekunde hat NEM eine glänzende Zukunft vor sich.

NEM wird von der NEM-Stiftung verwaltet. Die Grundlage existiert, um die Entwicklung von NEM zu überwachen. Es zahlt Softwareentwicklern in seiner eigenen Währung, um die Technologie voranzutreiben. Da

Entwickler Stakeholder sind, haben sie starken Anreiz, ein guten Code zu schreiben.

Die Stiftung hat gerade ein 10.000 Quadratmeter großes Innovationslabor in Malaysia eröffnet. Hier werden vielversprechende blockchain-bezogene Start-ups gegründet, die nach der Technologie von NEM suchen. Die Stiftung hat bisher rund 40 Millionen US-Dollar für die Entwicklung des NEM-Ökosystems veranschlagt. Der Präsident der NEM Foundation ist Lon Wong, ein angesehener Unternehmer.

Hier sind die Hauptpunkte, warum ich NEM in das Portfolio aufgenommen habe:

- es ist wesentlich energieeffizienter als Bitcoin
- in Asien und den USA verfügt es über eine gute Börsenliquidität.
- es ist für den Umgang mit industriellen Lösungen ausgelegt.
- es hat eine völlig neue Blockchain-Technologie (nicht von Bitcoin kopiert, im Gegensatz zu den meisten anderen).
- die Transaktionsgebühren sinken - und die Stiftung reagiert auf Anfragen.

Neu-Emissionen: BDX-Coin

Bei diesem Coin haben Sie noch die Möglichkeit in einem frühen Anfangsstadium vor Einführung zu investieren:

https://www.bdxcoin.com/en/

Wir haben uns darauf spezialisiert Ihnen mit unserer eigens entwickelten Top-Krypto-Strategie monatliche Neu-Emissionen zu analysieren, bei denen wir einen massiven Anstieg für sehr wahrscheinlich halten. Unsere monatliche Neu-Emissions-Empfehlungen, sowie aktuelle Insider-Informationen, die Sie sonst nirgends bekommen können und alle wichtige Informationen die Sie für den Handel mit Kryptowährungen benötigen, erhalten Sie bei uns exklusiv. Auch den BDX-Coin haben wir in einer unserer letzten Ausgaben für Sie als Investment vorgeschlagen. Wir haben das Abonnement für unsere Top-Krypto-Strategie auf nur 100 Kunden begrenzt um die Exklusivität unserer Prognosen zu wahren. Weitere Informationen entnehmen Sie bitte unserer Webseite: www.trading-king.hk

Risikowarnung

Sie sollten bei all diesen Empfehlungen in diesem Buch und grundsätzlich bei jeder Investition die Sie tätigen zur Kenntnis nehmen, dass dieses Investitionen mit hohem Risiko und hoher Rendite sind. Sie könnten viel von Ihrer Investition oder alles verlieren, wenn sich der Markt schlecht entwickelt. Also riskieren Sie nicht zu viel und nur einen Teil Ihres gesamten Portfolios.

Bekanntmachung

Der Autor ist in mindestens eine der Empfehlungen selbst investiert und kann zukünftig auch in alle der Empfehlungen investiert sein.

Verschwörungstheorien

Mehrere namhafte Verschwörungstheoretiker aus den alternativen Medien meinen belegen zu können, dass besonders Bitcoin eigentlich vom CIA und NSA entworfen und entwickelt wurde, und diese auch den »Hauptschalter« so einfach mal umlegen können und alle Coins ins Nirvana befördern können. Diesem Szenario sehe ich jedoch entspannt entgegen, da ich dieses für ziemlich utopisch halte, was jedoch nicht bedeutet, dass ich ausschließe, dass der CIA oder NSA irgendetwas mit den Bitcoins und deren Kontrolle zu tun haben und wir hier noch so einige Überraschungen erleben könnten. Andere mehr seriöse Finanzexperten sehen jedoch die Sachlage so, dass sich verschiedene Regierungen und Zentralbanken das ganze Spektakel um die unkontrollierbare Kryptowährungen, nicht mehr länger mit ansehen wollen und bereits eine eigene Kryptowährung in der Schublade haben. Es wird daher der Zeitpunkt abgewartet, bis so viele Menschen wie möglich in Kryptowährungen investiert sind und diese sich an die Bezahlung und den Umgang mit der Kryptowährung gewöhnt haben und sich somit vom eigentlichen Fiatgeld, also den gängigen Währungen wie USD, EUR und anderen Währungen, bereits verabschiedet haben. Wenn dieser Zeitpunkt mit einer so großen Masse wie nur möglich erreicht ist, werden die einzelnen Regierungen in Zusammenarbeit mit den Mainstream Banken und den Zentralbanken einschreiten und die bisherigen Kryptowährungen massiv unter Druck setzen um Kontrollmechanismen und Kontrollorgane einzusetzen und einzuführen und Gesetze erlassen die eine Verwendung massiv einschränkt, so dass es wahrscheinlich zu einem Zusammenbruch der bis dahin existierenden Kryptowährungen kommen wird oder diese verboten oder konfisziert oder in die dann NEUE Kryptowährung konvertiert werden, die dann offiziell von Banken und Regierungen in Zusammenhang mit den Zentralbanken ausgeben und kontrolliert werden. Dies wird dann mit dem Argument begründet, dass man dies zum Schutz für den Bürger durch unlautere Benützer und Hacker dieser bisherigen Währungen einführen müsste oder mit anderen fadenscheinigen Argumenten, wie Geldwäsche, kriminelle Machenschaften, Steuerbetrug ect. dies versucht zu begründen.

Absicherung Ihrer Bitcoins

Einige der Leser sind bereits schon einige Zeit in Kryptowährungen investiert und konnten einen erheblichen Gewinn erwirtschaften und haben nun eine Unmenge von Coins im Wallet, andere nützen Bitcoin und andere Währungen nur für Überweisungen und um Geschäfte und Bezahlungen zu erledigen oder Überweisungen zu empfangen und häufen Ihre Gewinne aus dem Unternehmen in Kryptowährung an. Früher oder später haben jedoch alle Besitzer eines Wallets das gleiche Bedürfnis, nämlich ihre Coins im Wallet gegen Hackerangriffe, Insolvenz des Wallet-Anbieters oder gegen Kursverluste abzusichern oder ihre Coins sicher in Fiatwährung ausbezahlen zu lassen. Bei meiner Recherche nach entsprechenden Lösungen hierfür, bin ich auf den Anbieter Bitgold Ltd. gestoßen. Die Geschäftsidee von Bitgold Ltd. ist, Ihre Coins in Gold abzusichern. Diese Idee halte ich für absolut empfehlenswert und genial! Bitgold Ltd. kauft für Ihre Coins Gold und lagert dieses für Sie bankenunabhängig bei verschiedenen Tresoren weltweit ein. Die Mindesteinlagerungszeit beträgt 6 Monate und die Mindesteinlagerungssumme beträgt 250gr Feingold, was zum Zeitpunkt der Drucklegung ungefähr 8.500 Euro entspricht. Auszahlungen können zurück auf ein Wallet, auf ein Bankkonto oder auf eine Kreditkarte erfolgen oder sogar in physischem Gold ausgeliefert werden. Mit diesem Service von Bitgold Ltd. haben Sie somit mehrere Probleme gleichzeitig gelöst: Sie können Ihre Bitcoins für eine bestimmte Zeit absichern, Sie sind mit Gold weitestgehend Inflations- und Krisengeschütz, Sie können bei Bedarf das Investment nach Ablauf wieder zurück in Ihr Wallet transferieren, wenn Sie von steigenden Kursen der Kryptowährung ausgehen, Sie können aber auch das Gold ausgeliefert bekommen oder aber Sie haben einen sicheren Auszahlungsweg über den Sie Ihre Bitcoins mit der richtigen Infrastruktur durch Bitgold Ltd. ausbezahlt bekommen können. Besonders bei größeren Summen empfiehlt es sich professionelle Hilfe bei der Auszahlung Ihrer Coins in Anspruch zu nehmen, anstatt Ihre Coins einfach unüberlegt über den Wallet-Anbieter auf Ihr Bankkonto überweisen zu lassen. Mir sind einige Leser bekannt, welche erhebliche Probleme mit ihrer Bank, bei größeren Auszahlungen die direkt vom Wallet-Anbieter kamen, bekommen haben. Meine Empfehlung daher, lassen Sie sich nur Beträge unter 10.000 Euro direkt auf Ihr Bankkonto vom Wallet ausbezahlen. Nutzen Sie den Service von Bitgold Ltd. um mindestens 30% bis 40% Ihrer Coins abzusichern. Während der Lagerzeit können Sie dann entscheiden, wie Sie die Auszahlung bekommen möchten. Nach einem längeren Gespräch mit Bitgold Ltd. bin ich davon überzeugt, dass das Management über genügend Offshore-Erfahrung verfügt, Ihnen mit der Auszahlung Ihres Goldes behilflich zu sein, so dass Sie hier weder Probleme steuerlicher noch anderer Natur bekommen können. Auch die Auszahlung über die angeschlossene Kreditkarte über Bitgold Ltd. ist höchst attraktiv, hier werden verschiedene Lösungen angeboten, wie Sie problemlos über Ihr Kapital verfügen können. Das Problem das Sie bei Direktauszahlungen von Ihrem Wallet-Anbieter auf Ihr Bannkonto bekommen können, liegt darin begründet, dass die meisten Wallet-Anbieter an Offshore-Plätzen registriert und ansässig sind und oft auch Ihre Firmenkonten in Steueroasen etabliert haben. Wenn Sie dann eine große Auszahlung auf Ihr lokales Bankkonto von einer Steueroase bekommen, könnte dies zu Problemen bei Ihrer Hausbank führen. Bei kleineren Beträgen ist dies nicht so bedeutend, sollten Sie jedoch mit größeren Beträgen handeln kann dies zu erheblichen Schwierigkeiten auf mehreren Ebenen führen.

Ein weiterer Grund warum Sie Ihre Coins mit mindestens 30% bis 40% über Bitgold Ltd. absichern sollten, ist dieser, dass ich hier immer noch einen großen Unsicherheitsfaktor der Aufsichtsbehörden und der verschiedenen Regierungen sehe, was ganz deutlich in China und Südkorea in den letzten Wochen ersichtlich war, die Bitcoin verboten haben. Jederzeit können auch in Europa Gesetze erlassen werden, die die Benützung Ihres Wallets einschränkt! Erhebliche Unsicherheiten liegen hauptsächlich bei den Wallet-Anbietern, wie Sie kürzlich am Beispiel von Wirex, Xapo, Bitwala und TenX sehen konnten. Bei diesen Anbietern können Sie Ihre Coins nur mit einer angeschlossenen Kreditkarte abheben und ausbezahlen lassen, eine Auszahlung auf ein Bankkonto ist nicht möglich. Über Nacht und ohne Vorankündigung hat der Kartenausgeber mit Sitz in Gibraltar eine Verfügung von Visa bekommen, alle Karten die an verschiedene Wallet-Anbieter ausgestellt wurden mit sofortiger Wirkung zu stornieren! Sollten Sie eine Wallte bei diesen Anbietern haben sitzen Sie nun auf Ihren Coins und können sich diese von diesem Wallet nicht ausbezahlen lassen bis der Wallet-Anbieter wieder einen neuen Kartenanbieter gefunden hat, was durchaus Monate dauern kann. Wenn Sie hier kein zweites Wallet bei einem anderen Anbieter haben, zu dem Sie Ihre Coins transferieren können, sind Sie, was die Auszahlung Ihrer Coins anbelangt, bis auf weiteres blockiert! Dies kann Ihnen bei Bitgold Ltd. mit der angeschlossenen Karte nicht passieren, da diese Karte völlig unabhängig von irgendwelcher Kryptowährung etabliert ist. Oder stellen Sie sich das Szenario vor, dass es plötzlich einen Gesetzesbeschluss gibt, dass Sie über Ihr Wallet nur noch in einer bestimmten Höhe von z.B. 2000 Euro im Monat verfügen können. Was nützt es Ihnen, wenn Sie »Coin-Millionär« sind, aber dann 40 Jahre benötigen, bis Sie Ihre Coins schließlich vollständig ausbezahlt bekommen können? Sie sehen also, warum ich es für absolut erforderlich halte Ihre Coins abzusichern, speziell wenn Sie in größeren Dimensionen handeln! Hierzu bietet sich Bitgold Ltd. geradezu an und ich denke, dass das Management von Bitgold Ltd. hier genau das Problem richtig erkannt hat und mit ihrem Service auf den Markt kam. Ich konnte bisher kein vergleichbares Angebot finden. Vorteil bei Bitgold Ltd. für deutschsprachige Interessenten, dass Sie hier auch in deutscher Sprache korrespondieren können, was bei vielen Wallet-Anbietern und bei vielen Geschäften in Verbindung mit Kryptowährung nicht möglich ist. Ich empfehle Ihnen auch dringend sich einen solchen Wallet-Anbieter zuzulegen, bei dem Sie Ihre Coins in verschiedene Kryptowährungen wechseln können oder zumindest aber ein oder zwei Fiatwährungen zur Auswahl haben auf die Sie Ihre Coins umbuchen können. Wechseln Sie auch immer Ihre Coins in Fiatwährung innerhalb des Wallets, hier sind Sie dann im Falle eines Absturzes des Coin-Wertes abgesichert, außer Sie wollen auf den Aufstieg der entsprechenden Kryptowährung spekulieren, dann können Sie Ihre Coins natürlich im Wallet belassen. Es kann auch passieren, dass der Wallet-Anbieter Auszahlungen zu manchen Kreditinstituten ablehnt, weil diese z.B. in

Gesetzeskonflikt mit den Aufsichtsbehörden gekommen sind, weil diese ihre Konten für Firmen die Glückspiele und andere Dinge im Service hatten zur Verfügung gestellt haben, wie dies mit ein paar Instituten in Deutschland in den vergangenen Monaten der Fall war. Nachstehend erhalten Sie einen Bericht aus den Tagesnachrichten vom 19. Januar 2018.

Hieraus können Sie deutlich erkennen, dass ich mit meiner Einschätzung völlig richtig liege und von daher eine Absicherung Ihrer Coins unabdingabr ist:

»Deutschland und Frankreich wollen beim G20-Gipfel im März einen gemeinsamen Vorschlag zur Regulierung von Bitcoin vorlegen. Dies teilte der französische Finanzminister Bruno Le Maire am Donnerstag in Paris mit. China und Südkorea, Hochburgen der Spekulation mit virtuellen Währungen, wollen diesen neuen und bislang unregulierten Markt ebenfalls an die kurze Leine nehmen und den Handel möglicherweise komplett verbieten. Anfang der Woche hatte sich die Bundesbank für eine internationale Kooperation bei der Regulierung der Cyber-Devisen ausgesprochen.Deutschland und Frankreich wollen die Digitalwährung Bitcoin stärker kontrollieren. Geplant seien gemeinsame Vorschläge zur Regulierung, sagte der französische Wirtschafts- und Finanzminister Bruno Le Maire am Donnerstag in Paris nach einem Treffen mit dem geschäftsführenden Bundesfinanzminister Peter Altmaier (CDU). Die gemeinsamen Vorschläge sollen für das Treffen großer Industrie- und Schwellenländer (G20) im März in Argentinien vorliegen. Altmaier sagte, es gebe eine Verantwortung gegenüber den Bürgern, Risiken über eine Regulierung zu vermindern. »Das ist etwas ganz Neues«, sagte Altmaier mit Blick auf die Krypto-Währung.«

Ich denke, dass ich Ihnen nun genügend Fakten geliefert habe, warum ich Ihnen eine Absicherung Ihrer Coins dringend empfehle.

Alle notwendigen Informationen zur Absicherung können Sie auf der Webseite von Bitgold Ltd. selbst einsehen:

www.bitgold.org.uk

Zuverlässige Wallet-Anbieter

www.blockchain.info

www.coincorner.com

www.coinbase.com

HAFTUNGSAUSSCHLUSS

Der vorliegende Titel wurde mit großer Sorgfalt erstellt. Dennoch können Fehler nicht vollkommen ausgeschlossen werden. Der Autor übernimmt daher keine juristische Verantwortung und keinerlei Haftung für Schäden die aus der Benutzung dieses Buches oder Teilen daraus entstehen. Insbesondere ist der Autor nicht verpflichtet, folge- oder mittelbare Schäden zu ersetzen.

Der Autor haftet nicht für Verluste die dem Leser durch das Trading mit Binären Optionen oder das Handeln und Anlegen mit Krypto-Währungen entstanden sind oder entstehen werden. Es werden und wurden in diesem Buch vom Autor keine Gewinngarantien oder Erfolgsversprechungen abgegeben.

Als Leserin und Leser dieses Buches, möchten wir Sie ausdrücklich darauf hinweisen, dass keine Erfolgsgarantie oder Ähnliches gewährleistet werden kann.

Auch kann keinerlei Verantwortung für jegliche Art von Folgen, die Ihnen oder anderen Lesern im Zusammenhang mit dem Inhalt dieses Buches entstehen, übernommen werden. Der Leser ist für die aus diesem Buch resultierenden Ideen und Aktionen selbst verantwortlich. Gewerbliche Kennzeichen- und Schutzrechte

Trading-King@swissmail.com

RISIKOHINWEIS

Der Handel mit binären Optionen, Forex/CFDs und Krypto-Währungen birgt aufgrund der Volatilität des zugrundeliegenden Markts erhebliche Risiken für Ihr Kapital. Diese Produkte könnten nicht für alle Investoren geeignet sein. Sie sollten deshalb sicherstellen, alle Risiken verstanden zu haben und einen unabhängigen, geeigneten und lizenzierten Finanzberater zu Rate ziehen.

ALLGEMEINE RISIKOWARNUNG: DER HANDEL MIT BINÄREN OPTIONEN UND CFDS BEINHALTET EIN HOHES RISIKO UND IST UNTER UMSTÄNDEN NICHT FÜR ALLE ANLEGER GEEIGNET. ES BESTEHT DIE MÖGLICHKEIT DAS GESAMTE EINGESETZTE KAPITAL ZU VERLIEREN. DAHER SOLLTEN SIE KEIN GELD INVESTIEREN, VON DEM SIE ES SICH NICHT LEISTEN KÖNNEN, ES ZU VERLIEREN.

Zeitfracht Medien GmbH
Ferdinand-Jühlke-Straße 7
99095 Erfurt, Deutschland
produktsicherheit@kolibri360.de